Henning Köhler

Eros als Qualität des Verstehens

Die Vortragsreihe: Band 6

Die Deutsche Bibliothek - CIP-Einheitsaufnahme

Köhler, Henning:
Eros als Qualität des Verstehens : über das erotische Erwachen im Jugendalter und den gemeinsamen Ursprung von Kreativität und Zärtlichkeit / Henning Köhler. - Wangen : FIU-Verl., 1998
ISBN 3-928780-18-2

ISBN 3–928780–18–2

Ausstattung und Herausgabe: Rainer Rappmann
Bearbeitung: Rainer Rappmann/Albrecht Walter
Umschlaggestaltung: Rainer Rappmann unter Verwendung einer Tuschzeichnung von Albrecht Walter
Satz und Druck: Druckerei Kleb, Wangen
Bindung: Buchbinderei Klotz, Jettingen
Printed in Europe, Regio Allgäu

Henning Köhler

Eros als Qualität des Verstehens

Über das erotische Erwachen im
Jugendalter und den gemeinsamen
Ursprung von Kreativität
und Zärtlichkeit

Vortrag (X/1996)
im Rahmen der Veranstaltungsreihe
des Vereins „Gesundheitspflege-Initiativ"
in Eßlingen

FIU-Verlag

Vorwort des Verlegers

Wir leben in einer Zeit der Paradigmenwechsel. Nichts ist mehr an seinem Platz, nichts hat mehr seinen Platz. Ebenso ist es mit Eros und Lust – umfassend gemeint –, ohne die gar nichts weitergeht! Wir brauchen Sie wie das tägliche Brot; denn sie beinhalten auch die Frage nach der Motivation in unserem Leben. Aber gerade sie sind in eine entsetzliche Perversion geraten, hält man sich den Mißbrauch von Kindern vor Augen.
Ich bin sehr dankbar, daß sich unser Freund und Mitarbeiter, der Jugendpsychologe und -therapeut Henning Köhler dieser Frage angenommen hat. Seine Ausführungen mögen Licht werfen auf den schwierigen Weg zum Jahrtausendwechsel.
Wir publizieren die lebendig gesprochenen, überarbeiteten Ausführungen von Henning Köhler unter Einbeziehung von Formulierungen (jew. zweispaltig gesetzt), wie er sie in Frankfurt (12/1996) und Stuttgart (3/1998) zu ähnlichen Themen vorgenommen hat.

Rainer Rappmann

Vorbemerkung des Autors

Entgegen meiner sonstigen Gepflogenheit* stimme ich in diesem Fall der Drucklegung einer Vortragsnachschrift zu, die ich nicht gründlich umarbeiten konnte. Dies widerspricht meiner Auffassung, daß die durchweg frei gehaltenen Vorträge, bei denen ich als ganze Person sinnlich präsent bin und auf die nonverbale Resonanz aus dem Publikum reagieren kann, für den Druck ungeeignet sind. Der Schreibprozeß und die freie Rede sind in meiner Handhabung gänzlich unterschiedliche Qualitäten, und wenn das frei Vorgetragene in Schriftzeichen gebannt auf dem Papier erscheint, entsteht ein merkwürdiges Zwitterwesen: eine klang-, und blicklose Rede (bei Tonkonserven hat man wenigstens noch einen Widerklang des Sprachklanges). Vieles, was hier geschrieben steht, würde ich niemals so *schreiben*. Ich hoffe trotzdem, daß Sie sich, liebe Leserinnen und Leser, derart einfühlen können, daß durch die Schriftzeichen etwas hindurchschimmert von der Lebendigkeit des direkt zu Menschen gesprochenen Wortes. Und denken Sie daran: Was im Druck holprig wirkt, kann im freien Vortrag gerade der situativ entscheidende „Kunstgriff" sein. – Ich danke Rainer Rappmann für die Ausmerzung der grammatikalischen Unstimmigkeiten.

Henning Köhler
Nürtingen im Juni 1998

* Eine weitere Ausnahme habe ich bei meinem Vortrag „Peter Schilinskis Verständnis einer dreigliederungsgemäßen Gesprächskunst", erschienen in „Denker, Künstler, Revolutionäre" (Hrsg. Rainer Rappmann, Wangen 1996) gemacht.

Es gibt viele Grundfragen der menschlichen Existenz, die heute mehr und mehr, so scheint mir, verdrängt und ausgeblendet werden aus einer gewissen Resignation heraus, die immer wieder gerade im Hinblick auf die Gesundheitsfrage in unser Bewußtsein zurückgerufen werden müssen. Was ich damit meine, das ist ein Gebiet, mit dem sich beispielsweise eine relativ neue Forschungsrichtung intensiv beschäftigt. Sie haben vielleicht gehört von der „Psycho-Neuro-Immunologie". Das ist eine Forschungsrichtung, die sich mit der Frage befaßt, und zwar aus naturwissenschaftlichen Hintergründen, inwieweit die seelische Verfassung eines Menschen Einfluß hat auf die Instabilität oder Stabilität seines Immunsystems. Und die Forscher, die sich damit beschäftigen, kommen von Jahr zu Jahr zu erstaunlicheren Ergebnissen, die auch empirisch nachweisbar sind und uns wirklich zu einem gründlichen neuen Nachdenken auffordern. Sie kommen nämlich – jetzt sehr vereinfacht gesagt – immer mehr dahin, daß sie sagen müssen, daß das seelische Befinden des Menschen nicht nur irgendwie eine geringfügige Auswirkung auf seine Krankheitsanfälligkeit oder eben seine Abwehrmöglichkeiten hat, sondern eine ganz entscheidende, wenn nicht gar zentrale Bedeutung.
Sie wissen vielleicht, daß mit diesen Fragen, denen sich jetzt diese neue Wissenschaft zuwendet, andere Geistesströmungen sich schon seit vielen Jahrzehnten befassen, Geistesströmungen, die deswegen jahrzehntelang auch verspottet wurden oder ein Außenseiterdasein pflegten, zumindest was solche Fragen betrifft. Zu diesen Strömungen gehört ganz zentral die *anthroposophische Menschenkunde*, die ja den Hintergrund der Einrichtung bildet, des Therapeutikums, aus dem ich komme, und wo wir versuchen, Tag für Tag Menschen, die körperlich oder seelisch erkrankt sind, zu helfen. Auch die anthroposophische Menschenkun-

de und anthroposophische Forschung nach Ursachen menschlichen Erkrankens beschäftigt sich traditionell und schon sehr lange mit dem Zusammenhang von Seele und Leib. Und die Psycho-Neuro-Immunologie fördert nun aus naturwissenschaftlicher Sicht Dinge zutage, die aus der eher spirituellen Sicht der anthroposophischen Menschenkunde schon seit Jahrzehnten mehr oder weniger bekannt sind. Wir haben also hier eine Möglichkeit, daß sich eine mehr geistorientierte Menschenkunde heute mit der naturwissenschaftlich orientierten Forschung trifft, und daß hier endlich der längst fällige Dialog geführt wird. Verstehen Sie diese Ausführungen, die ich heute abend machen will, als einen kleinen Beitrag zu einem solchen Dialog.

Sehen Sie, wenn wir über die Quellen des menschlichen Seelenlebens, über die Quellen – ich verwende jetzt dieses etwas unglückliche Wort – des menschlichen Wohlbefindens sprechen, dann liegen ja zwei Begriffe nahe. Es drängen sich zwei Begriffe sozusagen auf, und ich scheue mich nicht, dieses zu sagen und darüber zu sprechen, auch wenn es heute eine sehr unpopuläre Angelegenheit ist. Wir wissen – dies ist keine Vermutung, sondern eine Tatsache –, daß ein Mensch, der sich in seinem Menschsein, in seiner Individualität, in seiner Persönlichkeit in einem Umfeld anderer Menschen weiß, von denen er innerlich gestützt, getragen, insbesondere aber *gewürdigt* wird, daß ein solcher Mensch weniger krankheitsanfällig ist als ein Mensch, der sich allein gelassen, verkannt, in seiner Individualität mißachtet fühlt. Letzteres treibt den Mensch in eine Seinsverfassung hinein, in der er, wie manche behaupten, Krankheiten geradezu magisch anzieht. Das ist eine mögliche Sichtweise: Krankheiten werden „angezogen".

Wir können es auch anders ausdrücken, und hier berühren wir eben diese neue Forschungsrichtung. Wir können auch sagen, das Nichtgeschätzt- und Nichtgeachtetwerden, das Nichtgeliebtwerden bringt den Menschen in eine Verfassung, in der sein Immunsystem Schaden erleidet. Das ist das Überraschende, daß wir dies heute als eine Tatsache ausdrücken können. Das ist also das erste, wohin wir heute schauen müssen, wenn wir ernsthaft nach Gesundheitsvorsorge oder vorsorglicher Abwendung von Krankheiten fragen. Nicht wahr, es gibt ja immer die beiden Möglichkeiten: Man kann einerseits sagen, man müsse sämtliche krankmachenden Einflüsse aus der Welt schaffen; dann wird der Mensch gesund sein. Das ist zwar theoretisch richtig, aber ich brauche Ihnen nicht zu erzählen, daß wir da einen Kampf gegen Windmühlenflügel führen und uns eingestehen müssen, daß das ein sehr, sehr langer Weg wird. Die andere Seite ist diejenige, daß wir uns immer fragen müssen, wenn das, was von der körperlichen Seite her schädigend auf den Menschen einwirkt, nun einmal da ist und lang noch da sein wird: Wie können von der anderen Seite her stärkende, gesundende Quellen eröffnet werden, die den Menschen dagegen bis zu einem gewissen Grade wappnen und stärken? Man muß das Augenmerk immer auf beides richten. Die Gesundheitsfrage ist eine soziale Frage. Es gehört zu den großen Problemen der gegenwärtigen Zeit, daß man diese soziale Frage auf der Tagesordnung der Geschichte auf den Sankt-Nimmerleins-Tag verschiebt.

Die Gesundheitsfrage ist aber eben auch – und das gehört ja in gewisser Hinsicht zur sozialen Frage dazu – eine Frage der Gestaltung zwischenmenschlicher Beziehungen, der Gestaltung aller Bereiche der Gesellschaft, wo der Mensch dem Menschen gegenübersteht, wo der Mensch dem Menschen arbeitend begegnet. Ich verwende jetzt den Arbeitsbegriff im weitesten Sinne: die Schule, der Arbeitsplatz, die Universität, alle öffentlichen Einrichtungen. Überall, wohin wir schauen, wo Menschen zusammenkommen, um gemeinsam ihr Menschsein zu gestalten, stellt sich die Gesundheitsfrage. Und wenn wir noch ein bißchen mehr zum Kern gehen, stellt sich ja überall dort die Frage nach den *zwischenmenschlichen Beziehungen,* die Frage nach dem Gesundenden oder eben Krankmachenden, das in den zwischenmenschlichen Beziehungen liegen kann.

Ein zweites, worauf man sofort gewissermaßen gestoßen wird, wenn man fragt, wo sind eigentlich die Quellen der Gesundheit, wo sind die Quellen der Kraft im seelisch-körperlichen Korrespondenzbereich beim Menschen zu finden – das zweite, was einem da vor Augen stehen muß, das ist, was man im weitesten Sinn im Begriff der „Kreativität" fassen kann. Sie haben sicherlich alle schon einmal vom „Erweiterten Kunstbegriff" gehört im Zusammenhang mit diesem „Harlekin" *Joseph Beuys*, der vor einiger Zeit verstorben ist. Aber immerhin, Harlekin hin, Harlekin her: er gilt als der bedeutendste deutsche Künstler der Nachkriegszeit. Was Beuys geleistet hat, ist unter anderem – ich kann das jetzt nur sehr kurz sagen, es würde sich aber lohnen, dies mehr zu verfolgen – eine Bewußtseinsarbeit, die uns dahin führt, daß wir sagen können: Eine ganz große krankmachende Problematik des heutigen Menschen darin liegt, daß sich die Menschen an den Orten, an die sie gestellt sind, nicht in ihrem Schöpfertum, in ihrem künstlerischen Wesen, in ihrem kreativen Potential erleben und entfalten können. Frei übersetzt – das ist kein wörtliches Beuys-Zitat – besagt der sogenannte „Erweiterte Kunstbegriff", daß das heutige Arbeitsleben und die heutige Bildungslandschaft einen Charakter angenommen haben, der so ist, daß sich die Menschen – nun kommen wir wieder auf diesen Begriff – in ihrem innersten Seelischen nicht *gewürdigt* und angenommen, nicht wichtig genommen fühlen können und damit in eine Schwächesituation hineingetrieben werden, die sie krank macht, die sie anfällig macht für das Kränkende.

Halten wir also zu Beginn dieses Vortrags diese beiden Begriffe, von denen Sie sehen werden, daß sie in einem engen Zusammenhang zueinander stehen, fest. Wir müssen sprechen über die Liebe, über die zwischenmenschliche Beziehung. Wir müssen sprechen über den – ich möchte fast sagen – heute verfemten Bereich der Zärtlichkeit, der Qualität zwischenmenschlicher Beziehung, und wir müssen sprechen über die Kreativität, über den Kern des Menschseins, den man Kreativität nennen kann. Und dies wollen wir mittels des Überbegriffes „Eros" tun. Ich stelle die These auf – und versuche sie zu begründen –, daß die Quelle der menschlichen Kreativität dieselbe ist, aus der auch die menschliche Liebesfähigkeit erfließt. Wir sprechen über eine Quelle, die in unserer Zeit zunehmend verschüttet wird, und wir sprechen von wirklich ernsten Dingen, von denen nicht genug gesprochen werden kann, nämlich darüber, welche Möglichkeiten es gibt – und seien es ganz kleine –, diese Quelle wieder offenzulegen.

Bevor ich hier nun weiterfahre, möchte ich noch ein paar wenige Sätze zum Gesundheitsbegriff vorausschicken. Denn, sehen Sie, auch hier ist ja eine Bewußtseinsarbeit nötig, wenn man sich nicht begnügen will mit dem, was so landläufig assoziiert wird. „Gesund" und „krank", das sind verbrauchte Begriffe, das sind Begriffe, die neu gefaßt, die neu gedacht werden müssen, wenn wir weiterkommen wollen. Warum müssen diese Begriffe neu gedacht werden?

Nun, ein ganz wesentlicher Punkt ist der, daß man heute geradezu automatisch mit Gesundheit ein leidensfreies Dasein assoziiert. Man hört „Gesundheit" und denkt reflexartig: Gesund wäre ich, wenn ich ein Leben leben könnte, in dem ich kein Leid mehr erfahren müßte. Folglich muß ich alles begrüßen oder gar unterstützen, was in der wissenschaftlichen Welt ersonnen wird, um dem Menschen Leid zu ersparen, um Leid vom Menschen abzuwenden. Wenn dieser Gesundheitsbegriff, dem der Krankheitsbegriff gegenübersteht als der Begriff des Leidens, wahr wäre, wenn er erschöpfend, wenn er ausreichend wäre, dann müßte man in der Tat sagen, daß jedes Mittel recht ist – und Sie wissen, daß sich viele Mittel inzwischen in der Forschung am Horizont abzeichnen –, dem Menschen ein zufriedenes, leidensfreies Dasein zu ermöglichen. Man kommt, wenn man diese Gedankenspur weiter verfolgt, bis zu solchen Überlegungen, daß man sagt: Wäre es nicht im Sinne einer praktischen Ethik allen christlichen Ballast über Bord zu werfen und nur ins Auge zu fassen, was einem pragmatisch vor Augen steht? Müßte man nicht im Sinne einer solchen praktischen Ethik sagen: Es ist ethisch gerechtfertigt, vielleicht sogar gefordert, daß menschliches Leben, das absehbar leidbehaftet sein wird, schon im Vorfeld, nämlich in der Schwangerschaft, manipuliert wird. Und wenn das Erbgut der Eltern so ist, daß die Möglichkeit hoch ist, daß das Kind eine Krankheit haben könnte, dann wäre doch zu überlegen, ob man nicht in Zukunft diesen Eltern nahelegen muß, daß sie dann eben bitte keine Kinder in die Welt setzen, schon aus Kostenersparnisgründen.

Direkt auf der Spur ist man der Sache schon dort, wo man durch pränatale Diagnostik im Mutterleib herausfinden will, welche Dinge da drohen, um diese möglicherweise schon im Vorfeld zu verunmöglichen. Ich habe, da ich mich viel mit psychologischer Literatur beschäftige, mit den Überschneidungspunkten, wo sich die psychologische Forschung mit der medizinisch-naturwissenschaftlichen trifft, in letzter Zeit auch immer wieder gelesen, daß man sagt: Es ist doch so, daß man immer mehr annehmen kann, daß auch Dinge, die man bisher als „seelisch verursacht" bezeichnete, doch genetisch verursacht sein könnten, zum Beispiel kindliche Verhaltensstörungen, zum Beispiel Depressionen, zum Beispiel eine Neigung zu Angstzuständen. Wenn es aber so wäre, daß es das Angst-Gen gibt und das Traurigkeits-Gen und das Unruhe- und Zappel-Gen, dann wäre man doch wohl berechtigt, dies schon im Vorfeld, in der Schwangerschaft festzustellen und entweder durch einen entsprechenden Eingriff die Sache in Ordnung zu bringen oder aber dafür zu sorgen, daß diese Kinder nicht zur Welt kommen. Ich drücke das sehr schroff aus. Ich weiß auch, daß es noch relativ wenige Wissenschaftler gibt, die so direkt draufzugehen. Aber wir wissen alle, es gibt sie. Die meisten sagen heute: Nun gut, das ist alles mit Vorsicht zu genießen; wir müssen das prüfen, aber wir sind durchaus nicht abgeneigt.

Es war mir wichtig, daß wir dieses, was da in unserer Zeit allmählich zum Vorschein kommt, uns noch einmal genau vor das innere Auge rufen – im Zusammenhang mit der Frage des Gesundheitsbegriffes: Ist denn Gesundheit Leidensfreiheit? Ich möchte dazu im Augenblick nur dieses sagen: Die Erdenwelt – das ist eine Binsenweisheit, aber sie muß immer wieder hervorgehoben werden – ist eine Licht-/Schattenwelt, und dieses, daß die Erdenwelt eine Licht-/Schattenwelt ist, das ist etwas, was man auf alle menschlichen Bereiche, auf alle Bezirke des Menschseins ausdehnen kann und muß. In unserer Seelenwelt ist das Erdenleben ebenfalls eine Licht-/Schattenwelt. Das heißt, daß der Mensch, wenn man ihm die Traurigkeit als Erfahrung ersparen würde, wenn man also tatsächlich in der Lage wäre, Traurigkeit abzuschaffen, zu einem freudlosen Wesen würde. Denn es gibt entweder beides oder beides nicht. Das heißt: Wenn man dem Menschen die Angst nehmen würde, dann würde man ihm einen ganzen kostbaren Bereich seines Seelenlebens ausradieren, aus dem große und wichtige soziale Fähigkeiten stammen. Ich habe ja in meinem Buch *„Vom Rätsel der Angst"** 50 Seiten darauf verwendet, mehr oder weniger deutlich zu machen, daß dieselbe Quelle, aus der die Angst kommt, die wir so gern beseitigen möchten, daß aus derselben Quelle die Feinfühligkeit kommt, daß aus derselben Quelle die Zärtlichkeitsfähigkeit des Menschen kommt. Alles das, was den Menschen zu einem zartfühlenden, sensiblen Wesen im positiven Sinne macht, dem liegt dieselbe Qualität zugrunde, die in einer Schattenform Angst ist, die uns bedrängt und quält. So stünden wir wieder mit dem Gesundheitsbegriff, der gleichgesetzt wird mit „Leidensfreiheit", vor einer unerhörten Entscheidung, wenn wir denn könnten. Denken Sie an die Einsamkeit; man könnte jetzt viele Beispiele nennen. Wer kann das Zusammensein mit Menschen in vollen Zügen genießen, der nicht die Einsamkeit kennt? So ist es mit allen Dingen in unserer Seelenwelt und selbstverständlich auch da, wo ganz konkret der Mensch als Kranker und Gesunder als ein Wesen angesprochen ist, das immer zwischen kränkenden und gesundenden Prozessen hin- und herschwingt, ein Wesen, das einerseits immer wieder Lebenskräfte schöpft, auf der anderen Seite immer wieder Lebenskräfte verbraucht, das sich immer wieder Dingen aussetzt, die es gewissermaßen aushöhlen, die ihm Kräfte rauben, das auf der anderen Seite Dinge braucht, die ihm wieder Kräf-

---

** Henning Köhler: „Vom Rätsel der Angst – Wo die Angst begründet liegt, und wie wir mit ihr umgehen können", Stuttgart 1992*

te zuführen. Auch hier ist es so, daß im Prinzip dieses Pendelspiel zwischen dem einen oder dem anderen etwas ist, was ja zentral überhaupt den Menschen, die „Conditio humana", ausmacht. Das ist etwas, das man nie vergessen darf, wenn man über Krankheiten und Gesundheit spricht.

Was ist also eigentlich Gesundheit in einer Sichtweise, die unserer heutigen Zeit entspricht, die auf der Höhe der Zeit ist? Ich denke, da kommen wir doch zu einem Umdenken, notgedrungen. Wir müssen doch heute sagen, daß Gesundheit eine Verfassung des Menschen ist, in der er sich in seinem vollen Menschsein erfahren darf als Licht- und Schattenwesen. Und ein kranker Zustand, das ist aus dieser Sicht ein Zustand, in der der Mensch auf irgendeiner Seite des Vollmenschlichen beschnitten, amputiert ist. Ein kranker Zustand – das bitte ich Sie zu überlegen – wäre ein Zustand, in der der Mensch in einem lauwarmen Mittelmaß in seinem Leben dahinströmt, das Leid nicht mehr kennend, aber auch die Freude und das Glück nicht mehr kennend. Das ist also der Zustand, der ja in landläufiger Sicht das Gesundheitsideal heute wäre. Was ist das für ein Zustand, den ich da schildere, dieses Gleichmaß, dieses lauwarme Dahinplätschern eines Lebens ohne Leid, Freude, Krankheit, Gesundheit, irgendwo in der Mitte? Das ist der „Tranquilizer"-Effekt, sage ich immer. In so einen Zustand kommt man unter dem Einfluß ganz bestimmter Medikamente, die so eine ganz bestimmte Art von Seligkeit erzeugen, die den Menschen auf einer rosa Wolke schweben läßt, aber – und jetzt wird es interessant und führt uns zu unserem Thema zurück – die Quellen seiner Liebefähigkeit verschüttet – das tun diese Medikamente – und die Quellen seiner Kreativität verschüttet. Wer sich auskennt mit diesen Medikamenten, deren Namen ich jetzt nicht zu nennen brauche – es gibt so viele, die diesen Zustand einer künstlichen Seligkeit erzeugen und leider auch in unserer Jugendkultur in bestimmten Varianten sich immer mehr ausbreiten –, wer diese Wirkungen kennt (und ich kenne sie), der weiß, daß genau dieses geschieht: eine rosa Wolke, ein Zustand einer künstlichen Seligkeit, der Liebe verunmöglicht. Warum? Weil das liebende Verhältnis zwischen Menschen ein Verhältnis ist, das eben hier auf Erden ein Licht-/Schattenverhältnis ist. Es ist ein Verhältnis, das durch Konflikte hindurchgeht. Es ist ein Verhältnis, in dem man sich entzweit und wieder verbindet. Es ist ein Verhältnis, in dem Schmerz und Glück beieinander liegen. Alles andere verdient nicht den Namen „Liebe". Wenn Sie sich irgend etwas künstlich von außen zuführen, was Sie in einem gleichmäßigen Zustand der Selbstzufriedenheit läßt, dann suchen Sie nicht mehr den anderen Menschen, dann werden Sie eine ganz bestimmte Sehnsuchtsqualität nicht mehr verspüren, über die wir zu sprechen haben. Und Sie werden auf einer anderen Seite krank, nämlich behindert. Damit wir uns – in Klammern gesagt – richtig verstehen: Ich sage nicht, daß in bestimmten Situationen, etwa in der Psychiatrie, solche Medikamente einmal vorübergehend nötig sein können. Man weiß aber, daß heute ein Mittel diskutiert wird, von dem man sagt, es hat keine Nebenwirkungen – das ist ein ganz großes Gesprächsthema –, und es bringt den Menschen in so ein lauwarmes Mittelmaß und man überlegt, ob man den ganzen Klimbim mit Psychiatrie und Psychotherapie und Kunsttherapie und all dieses Zeug doch einfach weglassen könnte; das kostet nur unnötig Geld. Man hätte jetzt ein Mittel gefunden, das man einfach gäbe, und dann wäre in sehr vielen Fällen – es klappt nicht immer – einfach alles Störende weg; die Leute fühlten sich prima. Da muß man hinschauen; vielleicht findet man ja irgendwann, hirnchirurgische Möglichkeiten, kleine, ungefährliche Eingriffe, die dem Menschen Leid ersparen. Dann hätte man ihn auch dort. Leute, wie der berühmte *Bernard F. Skinner* (Hauptwerk *„Jenseits von Freiheit und Würde"*) haben gesagt, wenn wir hirnchirurgisch dazu in der Lage wären oder eine Droge erfinden, die wir ins Trinkwasser geben können, die den Menschen erstens friedlich und glücklich, und zweitens dadurch aggressionsfrei macht – dann wären auch die Kriege weg –, dann müßten wir das tun. Wir wären ethisch dazu verpflichtet. Damit Sie wissen, was ich meine: Ich meine nicht, daß man nicht mal ein solches Mittel geben darf, sondern daß im Grunde genommen der Gesundheitsbegriff ein „Tranquilizer"-Begriff ist, daß da heute so ein Effekt gemeint ist, wenn man von „gesund" spricht, und unglaublich viel Kräfte darauf geworfen werden, diese Art von Gesundheit, also einen neutralen Zustand, herzustellen. Wenn dies geschähe, wäre die Quelle der Liebe verschüttet, und die Quelle der Kreativität wäre auch verschüttet.

Man kann unter dem Einfluß solcher Mittel, nicht wirklich in einem künstlerischen Bereich schöpferisch tätig werden, weil einem dazu eine innere Konfliktbereitschaft und Konfliktmöglichkeit fehlt, die in jedem echten künstlerischen Prozeß eine unverzichtbare Kraft ist. Und es handelt sich hier wiederum um eine ganz ähnliche Kraft, wie ich sie für ein Liebesverhältnis beschrieben habe. In einem künstlerischen Prozeß, in einem Prozeß, der wirklich ein kreativer, schöpferischer ist, da geht der Mensch durch Dunkelzonen hindurch, durch Hilflosigkeitsgefühle. Auf der anderen Seite kommen Hochgefühle dazu, weil man einen Schritt gemacht hat. Man steckte fest, man kommt vorwärts, man ringt. Es ist die Licht-/Schattengeschichte. Auch das ist dann weg. Und ich denke, der Menschheit, der Welt, der Gesellschaft würde die Quelle verschüttet werden, aus der die beiden Kräfte erfließen, an denen der Mensch – ich sag's mal so lapidar – am ehesten als Mensch zu erkennen ist: an seiner Liebefähigkeit und an seiner Kreativität. Ich wage zu behaupten, wenn wir solche Möglichkeiten hätten, dann würden die Menschen auf eine ganz unvorhergesehene Art, auf eine Art, die wir uns vielleicht noch gar nicht vorstellen können, durch die Hintertür krank werden. Denn das menschliche Wesen würde, glaube ich, mit allen Reserven, die in den Tiefen der Seele vorhanden sind, gegen so etwas rebellieren.

Gut, drehen wir den Gedanken jetzt wieder um; er mußte aber vorausgeschickt werden, damit wir uns richtig verstehen, wenn ich im weiteren von „gesund" und „krank" rede. Drehen wir den Gedanken jetzt wieder um, indem wir uns dem zuwenden, was ich als die Quelle der Gesundheit bezeichnet und wofür ich den Begriff „Eros" ins Spiel gebracht habe. Wenn wir dies anschauen, wenn wir diese Kraft des Eros, von der heute zu sprechen sein wird, zurückverfolgen in der Entwicklung des Menschen, in der entwicklungs-psychologischen Betrachtung, dann finden wir, daß diese Kraft zum ersten Mal deutlich in Erscheinung tritt so ungefähr zwischen dem zehnten und zwölften Lebensjahr eines Kindes. Wir haben da eine ganz markante Zeit, wo sich in Bezug auf diese Quelle innerer Kraft und innerer Gesundheit unerhört viel entscheidet. Es ist eben so, daß diese Zeit, die man da zwischen zehn und zwölf erlebt, sozusagen eine Schlüsselzeit ist. Aber der Mensch ist in seinem späteren Leben immer wieder in Situationen gestellt, in denen er gewissermaßen wieder in diese Stimmung der Vorpubertät eintaucht. Und über diese Stimmung wollen wir sprechen als eine Phase der Kindheit, aber auch als eine Möglichkeit des Menschen, die immer wieder aufgesucht werden muß, wenn man sich im beschriebenen Sinne als ein gesunder Mensch erleben will.

Lassen Sie mich, um dieses zu verdeutlichen, ganz von vorne beginnen, nämlich dort, wo der Mensch seinen Lebensweg antritt. Am Beginn des Erdenweges eines jeden Menschen steht zunächst einmal – ich unterstreiche „zunächst einmal" – der Zustand des symbiotischen Verwobenseins mit einem anderen menschlichen Wesen. So fängt es an. Das ist keine Liebe; das ist etwas vollkommen anderes. Ich spreche jetzt von einem Zustand des symbiotischen Verwobenseins, des Einsseins, ich spreche von zwei Organismen, die ineinander leben, ich spreche von der Mutter, die das Kind im Leib trägt. Das kleine Kind ist in dieser Situation umhüllt und geschützt in einem höchstmöglichen Maße. Wir werden in unserem ganzen späteren Leben nie wieder in einen Zustand solcher Beschütztheit durch ein anderes Wesen eintreten können. Wir werden es fortwährend suchen, aber nie wieder finden. Es gibt andere Qualitäten, die kann man im späteren Leben finden, die hier nicht dazugehören. Auf sie kommen wir im Zusammenhang mit dem Eros. Aber *diese* Qualität wird man nie wieder finden. Sie setzt aber in uns sozusagen einen Sehnsuchtskeim, der bleibt, und der macht die unerhörtesten Verwandlungen und Metamorphosen durch. Sieht man diesen Zustand der engen Verwobenheit zwischen Mutter und Kind am Anfang, muß man aber zugleich dazu sagen – und auch dies ist etwas Urmenschliches –: Von Anfang an treibt dieser Zustand aus sich selbst heraus auf eine Trennung, auf eine Spaltung zu. Wir haben nicht nur das kleine Kind im Mutterleib, sondern wir haben in der Situation der Symbiose schon die Triebkraft der Trennung und der Spaltung. Wir haben die Gegensätze beieinander; denn die Entwicklung des Kindes im Mutterleib treibt, das ist der Sinn und das Ziel, auf die Trennung und auf die Spaltung zu.

Wenn wir das als eine Intentionalität betrachten, nicht nur als einen Naturprozeß, als etwas, das tief innen Mutter und

Kind wollen, dann können wir sagen: In der Mutter wirkt in dieser Verfassung von vorn herein eine Kraft, das Kind zu vertreiben. Ich sage es in dieser Härte. Und das muß auch so sein. Denn der Mensch will in einem solchen Zustand der Verwobenheit mit einem anderen Menschen nicht bleiben. Das liegt in unserem Wesen als Menschen hier auf der Erde, daß wir unser Alleinsein wieder brauchen. Schauen wir es von dieser Seite an, nicht einfach als einen biologischen Vorgang: In der Mutter wirken Kräfte, die das Kind austreiben. Im Kinde wirken Kräfte, die die Flucht, das Entkommen aus diesem Zustand suchen, obwohl es ein Zustand ist, der unser ganzes Leben – die Sehnsucht „irgendwohin" – bestimmen wird. Sie sehen, daß hier zwei Triebkräfte im Menschen da sind, die sich polar gegenüberstehen und von Anfang an immer da sind. Es ist die eine Kraft, die ich Sehnsucht nenne, nach Verbindung. Es ist die andere Kraft, die von vorn herein mitwirkt, die Verbindung aufzulösen, Individualität zu werden, den Schritt in die Einsamkeit im Wortsinne zu machen, auszutreten aus der Symbiose, sich in die Freiheit zu stellen.

Was in diesem Gesamtbild, in dem wir also die Symbiose haben, die auf die Trennung zutreibt, nun ebenfalls genannt werden muß, um das Bild zu vervollständigen, das ist, daß der Zustand des symbiotischen Verwobenseins herbeigeführt wird durch eine ganz bestimmte Art der menschlichen Begegnung. Und ich möchte diese menschliche Begegnung – die sexuelle Begegnung –, die zur Schwangerschaft führt, jetzt so beschreiben im Rahmen dieses Bildes, daß ich sage, daß zwei Menschen zueinander getrieben werden durch diese Sehnsuchtskraft, die Einsamkeit zu überwinden, die Spaltung zu überwinden. Aus dem Zustand der Entzweiung finden zwei Menschen zueinander – im Ideal gesprochen – und zu einer solchen Nähe, daß aus dieser Nähe etwas entsteht, ein Ereignis entsteht, das ich als symbiotisches Verwobensein zweier Wesen bezeichnet habe. Und dieses treibt aus sich wieder zur Entzweiung. Das ist das Bild, das wir zunächst vor Augen haben müssen, wenn wir verstehen wollen, was da eigentlich ganz tief innen im Hintergrund wirkt, wenn diese Kraft des Eros, die wir heute umkreisen wollen, auftaucht.

Um dieses Bild so zu vervollständigen, füge ich einen anthroposophischen Gedanken hinzu, den Sie annehmen können oder nicht. Wer ihn nicht als real nehmen will, kann ihn als Bild nehmen. Ich spreche von einem Bild, von dem ich aus Erfahrung sagen kann, daß es beim Bemühen, andere Menschen zu verstehen, unschätzbare Dienste leistet. Ich gehe nämlich vor den Augenblick der Begegnung zwischen Mann und Frau, also vor den Augenblick der Empfängnis zurück und versuche mir vorzustellen, daß es das Menschenwesen, das durch diese Verbindung zur Welt kommt, vorher schon in einem völlig anderen Seinszustand gegeben hat. Und hier kann uns nun vor Augen stehen das Bild, daß in einem vorgeburtlichen Raum ein geistig-seelisches Wesen steht, das ebenfalls eine Sehnsuchtskraft in sich trägt, die in dem Augenblick gewissermaßen sich verbindet, zusammenkommt mit der Sehnsucht nach Verbindung von Mutter und Vater, mit der Sehnsucht nach Einssein, wo eben der Empfängnisaugenblick eintritt. Ich sehe vor mir, daß sich dieses Menschenwesen im vorgeburtlichen Raum zu einem Teil hineinbegibt in die Erdenverhältnisse und zu einem anderen Teil in einen Zustand der Reinheit in einem geistig-seelischen Raum zurückbleibt oder sagen wir anders: damit verbunden bleibt. Ich spreche von einer Rückverbindung des Menschen zu der geistigen Welt, aus der er stammt, die erhalten bleibt.

Wir können also sagen, wenn wir das annehmen wollen, daß der Mensch zwei Wesensbereiche hat, wie er hier auf der Erde lebt: Er ist mit einem Teil seines Wesens zurückgeneigt und verbunden mit dieser vorgeburtlichen Sphäre. Nennen wir sie den Unschuldsraum, die Sphäre der Reinheit, oder nennen wir sie einfach den Kindheitsbereich, den Bereich der vollständigen Offenheit, der vollständigen Aufnahmebereitschaft, der Arglosigkeit, des Vertrauens, der Hingabefähigkeit. Insoweit wir diese Qualitäten in uns erleben, sind wir zurückverbunden mit dem Kindheitswesen, oder man kann eben anthroposophisch gesprochen auch sagen, mit unserem vorgeburtlichen Wesen. Und ein anderer Teil unserer Seele ist derjenige, der sich ganz mit den Erdenverhältnissen verbindet, der in die Materie einsteigt, der, wie man so schön sagt, „pragmatisch" wird, der sich mit den harten Realitäten auseinandersetzt und alles andere als ein unschuldiges, reines, vertrauensvolles Wesen ist. Das ist der Bereich unseres Wesens, wo wir mißtrauisch sind, wo wir einsam sind, wo wir Egoisten sind, wo wir den anderen Menschen nicht so nahe an uns herankommen lassen wollen, weil der andere Mensch uns ja irgend etwas antun könnte, vielleicht unser Vertrauen mißbrauchen könnte, der Bereich also des Mißtrauens, des Zweifels ... all dieses.
Hier sehen Sie wieder, daß der Mensch einerseits in einer Einsamkeit steht – und in dieser Einsamkeit stehen muß, das gehört zu den Rätseln des Menschseins – und auf der anderen Seite tief innen einen Bereich schützt; und dieser Bereich ist nicht totzukriegen, keine, auch seelische Krankheit kann so sein, daß sie diesen Bereich wirklich zerstört. Andererseits bleibt er also verbunden mit einem Bereich, in dem er immer – im übertragenen Sinne gemeint – das Kind bleibt; das ist die Quelle. Nennen wir diesen Teil des Menschen sein „höheres Selbst", dann können wir uns auf einen Begriff einigen,

der heute bekannt ist, wenn er auch oft anders beschrieben wird. Es gibt heute schlechterdings keine vernünftige psychologische Schule mehr, die nicht in der einen oder anderen Art sagt: Es muß so etwas geben, wie wir es auch immer erklären wollen. Es gibt ein höheres Selbst, es gibt ein höheres Ich, es gibt irgendwo einen Bereich des Menschen, in dem er unbeschädigt und unversehrt ist und bleibt. Und das ist der Bereich, aus dem der Mensch die Kräfte bezieht, verehrte Anwesende, aus denen er sein Immunsystem aufbaut und seine Abwehrmöglichkeiten bekommt. Was ich eben beschrieben habe als den Unschulds- oder Kindheitsraum, das ist die Quelle der Gesundheit. Und es gibt auf der anderen Seite – ich verwende jetzt einen sehr starken Begriff – die Todeszone, in der sich der Mensch fortwährend aufhält, insofern er hier auf der Erde seine Entwicklung durchmacht. Nüchtern betrachtet ist die Welt, in der alles vergeht, alles dem Zerfall unterliegt, der Gewordenheit, *„Gewesenheit" (Heidegger)* anheimfällt, eine Todeszone. Und wir können sagen: In dieser Todeszone wird alles hervorgerufen, was dann die Krankheitsprozesse sind.

Nun können wir uns fragen, was notwendig ist dazu, daß der Mensch den Anschluß behält an sein „höheres Selbst" oder den Anschluß bewußt wieder suchen kann, wenn er ihn verloren hat. Ich sagte, dieses „höhere Selbst" ist unzerstörbar, aber ich sagte nicht, daß man es nicht verlieren könne. Im Verfolge dieser Frage kommen wir zu dem Bereich des Zwischenmenschlichen. Dieses höhere Selbst, von dem ich spreche, kann ich nicht allein wiederfinden, sondern ich brauche dazu andere Menschen. Wir kommen mit diesem Satz, mit dieser Behauptung mitten hinein in die Qualität des Eros. Bedenken Sie einmal, wenn Sie das jetzt verstiegen finden, daß man ja im alltäglichen Leben finden kann, was ich jetzt sage. Wann fühlt man sich gewürdigt, wann fühlen Sie sich als Mensch geadelt, wann fühlen Sie sich innerlich erhoben, wann fühlen Sie sich innerlich in Ihrem Menschentum, in Ihrem Wert, in Ihrem Unversehrten, Unschuldigen geachtet so, daß Sie das Gefühl haben, Sie sind innerlich wirklich etwas Kostbares? Wie erleben Sie das? Doch dadurch, daß ein anderer Mensch Sie so anschaut und anspricht. Das beginnt bei den kleinsten Dingen. Haben Sie jemals erlebt, daß Selbstlob auch nur im entferntesten das echt gemeinte Lob eines anderen ersetzen kann? Das gibt es nicht. Das Selbstlob, dieses narzißtische Selbstbeweihräuchern und sagen: Du bist ein toller Kerl! das ist ein erbärmlicher Ersatz für das, was einem zuströmen kann, wenn einem ein Mensch entgegenkommt, dem man anmerkt, dem man ansieht, daß er einen für etwas bewundert, und sei es für eine Kleinigkeit. Die Wertschätzung eines anderen Menschen ist nicht zu ersetzen. Immer da, wo Sie die Wertschätzung eines anderen Menschen tief innerlich spüren als etwas Erhebendes, nähern Sie sich wieder der Quelle. Sie erleben sich in Ihrem Selbstwertgefühl, wie man so schön sagt. Und wir kommen so auf das Geheimnis des Sozialen überhaupt. Der Mensch kann sich in seinem Selbstwertgefühl, in seinem eigentlichen innersten Wesenskern, an der Quelle seiner Gesundheit und seines Menschentums – überlegen Sie sich, welche Tragweite das hat – nur erleben dadurch, daß andere Menschen ihm das zugestehen; sonst geht es nicht. Nur dadurch, daß ein anderer Mensch, der mich liebt oder schätzt – was eine Form der Liebe ist –, mich sieht, ahnend sieht in meinem eigentlichen Wesen, das durch vieles im Äußeren verschüttet und entstellt ist, erlebt und betrachtet, kann ich mich in meinem innersten Menschentum spüren. Und es gibt mir unmittelbar Kraft, bis ins Körperliche hinein.

Aus Vortrag Fankfurt 12/1996:

Es muß im Menschen eine unerhörte Menschenweisheit leben; denn wir brauchen das Kind über das, was es da plötzlich lernt, nicht zu belehren, normalerweise. Und jetzt denken Sie – nehmen Sie es ganz bildlich –, daß das Kind in dieser Vorpubertäts-/Pubertätszeit diese Sehnsucht in sich spürt nach dem eigenen höheren Selbst, nach der eigenen Hoffnungsgestalt, nach der Quelle. Es hält Einkehr; es grübelt in sich hinein; es sitzt in dem eigenen Seelenraum vor dem Spiegel. Denken Sie an das Märchen vom Glasberg. Da sitzt die Königstochter auf einem Glasberg, oben irgendwo, und man kommt nicht rauf. Man rutscht da ab. Die Prinzen, die hinauf wollen, rutschen da immer ab. Ich will nicht das ganze Märchen erzählen, jedenfalls gibt es einen erwählten Prinzen, der es schafft hinaufzukommen. Und nur das eine Motiv finde ich jetzt so interessant: Diese Prinzessin hat ein bestimmtes Schicksal, ein sehr tragisches, und das ist ein Bild für die Vorpubertät. Sie sitzt vor ihrem Spiegel und schaut in diesen Spiegel hinein und sieht ein fürchterliches, häßliches, entstelltes Gesicht und wagt sich deswegen nicht unter die Menschen und läßt schon gar nicht irgendeinen Jüngling an sich heran, weil sie im Spiegel dieses fürchterliche Gesicht, dieses Hexengesicht sieht. Und der Sinn, das Thema des ganzen Märchens ist, daß dieses Mädchen erlöst ist, wenn einer kommt, der ihr richtiges Spiegelbild sieht. Dieser Prinz darf sie anschauen. Er schaut in den Spiegel und sieht im Spiegel ein wunderschönes Gesicht. Sie aber sieht im Spiegel ein häßliches Gesicht. In dem Augenblick aber, wo das wahre Bild, das wahre Spiegelbild einem anderen – das ist das Geheimnis: nicht ihr, sondern einem anderen – vor Augen steht, ist sie erlöst. Sehen Sie, und dieses Geheimnis, daß die Sehnsucht nach dem eigenen, höheren Wesen nur von einem anderen Menschen gestillt werden kann, daß ich sie nicht bei mir selbst

stillen kann, indem ich „in mich gehe", sondern nur, indem jemand anders mich auf eine bestimmte Art anschaut, das ist es, was in diesem Alter auf diese Art, die ich „ein Wunder" nannte, begriffen wird.
Es wird begriffen, daß es nur eine Möglichkeit gibt, daß diese Sehnsucht nicht zur Qual wird, diese namenlose Sehnsucht, sondern zu einer Möglichkeit, zu einer Entwicklungsmöglichkeit. Und dieses Erlebnis tritt dann auf, wenn dem betreffenden Kind ein Mensch gegenübertritt, der mit einer ganz bestimmten Art auf dieses Kind zugeht.

Wir sind an dieser Stelle wieder bei der Ausgangsbehauptung, die ich nicht oft genug wiederholen kann: Das Sich-nicht-Spüren in diesem innersten Wert ist etwas, was den Menschen anfällig macht, ist etwas, was die Menschen für Krankheiten geradezu öffnet. Ich kann das nach inzwischen 22 Jahren Umgang in der einen oder anderen Form mit kranken oder leidenden oder verzweifelten Menschen mit einer solchen Sicherheit sagen, daß ich meine, es ist überhaupt kein Streitpunkt. Es ist eine Realität, die unübersehbar ist. Wer auch immer zu uns kommt – vom kleinen Kindergartenkind bis zum großen erwachsenen Menschen, von unerklärlichem Leid geschüttelt, von Verzweiflung gepackt, von Angst gepeinigt, von Einsamkeitsgefühlen gequält –, wird nach einer kurzen Zeit des Sich-Kennenlernens und Sich-Näherkommens im Gespräch oder im Spiel zu erkennen geben oder aussprechen: Mein Kernproblem, wenn ich alles andere einmal zur Seite lege, ist, daß ich mich von niemandem wahrgenommen und gewürdigt fühle oder eben einfach ungeliebt fühle. Ich will ja auf die Behauptung hinaus, daß die Liebe eine heilende Kraft ist, aber ganz anders, als man das in so einer vernebelten Begrifflichkeit glaubt, wenn

man gemeinhin hört in irgendwelchen „New-Age"-Blättern: Liebe heilt. Dann denkt ja auch wieder jeder: Ach so, Liebe, da kann man keinen Schnupfen kriegen und schon gar nicht Krebs, wenn man nur geliebt wird. Wir müssen immer wieder aufpassen, daß wir uns richtig verstehen: Die Liebe heilt zunächst den innersten Menschen, und dann erwachsen ihm daraus Kräfte, die ihn stärken, die ihn bis zu einem gewissen Grade schützen, aber ganz gewiß nicht zu einem Wesen machen, das jetzt nicht mehr anfechtbar wäre. Ich habe aber Menschen erlebt, die geliebt wurden und eine Krankheit durchzustehen hatten, und habe gesehen, wie das ging. Und ich habe Menschen gesehen, die eine Krankheit zu erleiden hatten und nicht geliebt wurden und gesehen, wie das war. Es ist wiederum wie Licht und Schatten. Der eine Mensch steht in seiner Krankheit so tapfer, und er steht in seiner Krankheit so, daß man unmittelbar ihm gegenübertritt und merkt: Hier ist ein kerngesunder Mensch hinter diesem Leid, in diesem Leid. Er ist offenkundig da. Er wehrt sich. Er erhebt sich. Der andere Mensch hat sich in eine Ecke verkrochen, der nicht geliebte Mensch, irgendwo, ganz eingeschüchtert in einer kleinen Ecke sitzt er und erlebt diese riesige Übermacht einer Krankheit.
Das sind alles Zusammenhänge, die man nur andeuten kann. Wir müssen aber wissen, daß die Quelle der Gesundheit hier gewissermaßen begrifflich umkreist wird, nicht eine Quelle, *die* Quelle. Wie gesagt: Wir verstehen unter Gesundheit nicht Leidens- und Konfliktfreiheit, sondern die Kraft, im Leiden, in Konflikten zu bestehen.

Zwischen dem zehnten und zwölften Lebensjahr tritt nun zum ersten Mal diese Kraft auf, die ich jetzt beschreiben will, die Kraft, durch die der Mensch den anderen würdigen kann. Sie tritt so in Erscheinung, daß das Kind diese Kraft bewußt erlebt. An dieser Stelle kann ich immer nur bitten, daß man zurückblendet. Ich kenne fast keinen Menschen, der nicht bei näherem Überlegen darauf stößt, daß es irgendwann in seiner Kindheit in der Vorpubertätszeit, eine Art von Liebesbegegnung gab, die in dieser Reinheit und in dieser Selbstlosigkeit eigentlich später nie wieder zu finden war. Es gibt ein Zitat, das ich an dieser Stelle – mit einem kleinen Schmunzeln, weil es übertrieben ist – vorlesen möchte von *Curt Goetz*. Er sagt: *„Jeder liebt nur einmal, und zwar ungefähr zwischen zwölf und fünfzehn. Später bildet man es sich nur noch hin und wieder ein."* Das ist natürlich überspitzt gesagt. Aber ich weiß, was Goetz hiermit sagen will. Er erinnert sich nämlich so, wie wir das jetzt tun wollen an eine ganz bestimmte Qualität, die sich dadurch auszeichnet – wir kommen jetzt zu einem interessanten Punkt –, daß sie eine starke, unerhört starke Hingezogenheit zu einem anderen Menschen ist, aber sich noch nicht im Bereich des Sexuellen aufhält. Es gibt in der menschlichen Biographie einen Übergangsbereich, bevor die Sexualität erwacht und der Sache eine andere Wendung gibt, einen anderen Akzent hinzufügt ein Vorfeld, wo wir die Kraft des Eros in ihrer reinsten Ausprägung beobachten und auch meistens in der eigenen Biographie auffinden können. Es handelt sich hier um eine Liebeskraft, die oft auch zwischen Kindern webt, die aber von Kindern auch Erwachsenen entgegengebracht werden kann, „geliebten Autoritäten". Sie hat zwar eine starke Tendenz zur körperlichen Nähe, aber in dieser Tendenz ist sie unerhört scheu und unerhört rücksichtsvoll und behutsam, eine Qualität, die nicht fordert, und, was das Erstaunlichste ist, es ist eine Qualität, die den anderen Menschen, an den sie sich wendet – ich zitiere jetzt den Psychiater *Hans Tellenbach* – *„erhöht in seine reine Idealität"*.

Aus Vortrag Stuttgart, 3/1998:

Schauen wir jetzt abschließend noch darauf hin, im Sinne einer vertieften Entwicklungspsychologie, auf diese Übergangssituation der Kindheitsmitte und Vorpubertät bis hin zur Geschlechtsreife. Wir haben hier in der menschlichen Entwicklung eine unerhört interessante und weichenstellende Situation, die wir noch etwas genauer anschauen wollen. Lassen Sie mich dazu ein Zitat des Psychiaters *Hans Tellenbach* vorlesen, der Worte gefunden hat für diese Zusammenhänge, die schöner kaum sein können. Er ist ein Mann der existentialistischen Schule, kein Anthroposoph, aber die Leute aus dieser Richtung, zu der in gewisser Hinsicht auch *Viktor E. Frankl* gehört, sind sehr interessant. Wir haben hier aus waldorfpädagogischer Sicht ungeheure Berührungspunkte, die noch viel zu wenig entdeckt sind:

„Ohne nachweisbare kausale Verbindung mit der Sphäre der pubertären Sexualität und ihrer Entfaltung kommt am Beginn der Pubertät etwas phänomenal Anderes zur Welt: das Erotische. Es ist in der Tat das höchst anthropologische Prädikat für den Wandel der Kindheitsmitte, daß in ihm der Eros zur Welt kommt. Eros ist die seelische Form der Liebe, die am schönen menschlichen Gegenüber sich entzündet und sich ihm geistig zu verbinden sucht. Als erste haben die Griechen diese Lust an der geistigen Zeugung im Schönen vergottet. Eros ist der Sohn des Aares und der Aphrodite. Er ist ein Gott, der in der Faszination durch das schöne Antlitz, in welchem das Seelische transparent wird, die gleichen wie die verschiedenen Geschlechter in Liebe zusammenführt. Diese Schönheit des beseelten Leibes ist ein Urphänomen. Es ist dieses Urphänomen, das als Manifestation der schöpferischen Weltkraft des Eros zur geistigen Dialogik führt. Der Eros erhöht den Freund über sich selbst hinaus in die reine Idealität."

Im Hinblick auf diese Entfaltung der pubertären Erotik taucht die

Frage auf, ob bei einem Ausbleiben oder einer Verhinderung in ihrer Ausprägung ein Jugendlicher überhaupt erwachsen werden kann. Damit ist nichts anderes gesagt, als daß der Schritt von der Kindheit ins Erwachsenenalter, der zugleich ein Schritt in die erwachende Sexualität ist – jetzt meine ich die rein körpergebundene Sexualität, den Schritt zur Geschlechtsreife –, nur in der Art und Weise vollzogen werden kann, daß er Zukunftsmut und Hoffnung enthält, daß Sinn aufleuchtet, wenn im Vorfeld diese reine Qualität, von der *Tellenbach* spricht, erscheinen konnte ...

Man darf den entwicklungspsychologischen Lehrbüchern nicht glauben, wenn sie verkünden, daß Kinder in diesem Alter nicht beziehungsreif seien. In einer gewissen Weise kann man sogar sagen, daß Kinder an der Schwelle zur Pubertät eine Beziehungsreife haben, wie man sie niemals wieder im Leben haben wird; sie wird einem gnadenhalber in diesem Alter geschenkt ....

Wenn mir an diesem Punkt jemand nicht glaubt, dann soll er sich doch einfach einmal zurückerinnern; denn ich spreche jetzt von Dingen, die hat jeder erlebt. Das ist so sicher, wie daß jeden Morgen die Sonne aufgeht, dieses Interesse an der sozialen Frage, daß man in diesem Alter in Verbindung mit dem Interesse an der sozialen Frage die tiefsten Zärtlichkeitsgefühle kennenlernt. Die Sehnsuchts- und die aus ihr hervorquellenden tiefen Zärtlichkeitsgefühle beinhalten die Frage: Gibt es Liebe in der Welt? Wird diese Frage positiv beantwortet – nicht theoretisch, sondern durch das, was die Kinder erleben –, dann werden sie mit der erwachenden Sexualität fertig, dann haben diese jungen Menschen die Kraft, die Sexualität zu vermenschlichen und zu einer Begegnungsform der Liebe werden zu lassen.

Also, Sie können jetzt zweierlei sagen: Aus dem zehn- bis zwölfjährigen Kinde erfließt eine Kraft, die verklärt den anderen; sie macht aus dem anderen etwas, was der gar nicht ist. Das ist die eine Möglichkeit. Dann würde man sagen: Naja, die Kinder in dem Alter, die haben da noch Illusionen; aber das ist alles eben noch nicht die Realität. Sie werden schon noch merken, daß es das gar nicht gibt, was sie suchen, nicht wahr? Ich weiß noch, daß ich als Bub in dem Alter am Fenster unserer Wohnung im vierten Stock stand, und es lief jeden Abend zwischen viertel nach fünf und halb sechs eine junge Frau dort vorüber. Diese junge Frau war für mich der Inbegriff des Menschen. Ich war also nicht irgendwie verliebt, wie das später dann der Fall war. Sie war der Inbegriff des Menschen. Das ist dies, was mir im Nachklang aufgefallen ist. Diese Frau war gewissermaßen eine Stellvertreterin, in der für mich etwas verkörpert war, was ich gesucht habe als Kind. Und das kennt jeder: dieses Urmenschliche, dieses rein Menschliche, in das man alles hineindenkt, in das man alles hineinträumt, was man sich eigentlich erhofft. Es ist doch seltsam, daß in diesen Kindheitsjahren eine Vorstellung vorhanden ist vom reinen Menschen – ich sage immer, vom „großgeschriebenen" MENSCHEN im Gegensatz zum „kleingeschriebenen". Der „kleingeschriebene Mensch" ist der, der in all seine Verzerrungen verwickelt und verstrickt ist, und der „großgeschriebene MENSCH" ist ja immer das Urbild, das uns vor Augen steht. Warum leuchtet das in diesem jungen Alter auf? Man könnte doch sagen: Das muß man ja erst einmal entwickeln. Da muß man ja erst einmal lange nachdenken und Bücher lesen von *Plato* bis *Erich Fromm* und anderen Leuten, daß man sich ein Bild machen kann von dem, was eigentlich das reine Menschentum ist. Nein, das ist ein Bild, ein „Imago", das in der Menschenseele lebt. Die bringt der Mensch mit. Das erwacht in diesem Alter zu einer bewußten Schau.

Ich wollte die Anekdote noch zu Ende führen. Jene junge Frau: Ich überlegte dann, wie ich es machen könnte, daß ich ihre Stimme auch einmal höre. Das ist mir gelungen, indem ich sie nach der Uhrzeit fragte. Ich dachte: Das habe ich gleich gewußt, so eine Stimme gibt es nicht noch mal. Es kam nur in diesem Fall leider zu keiner Begegnung. Sie blieb ein Halbtraumwesen. Sie ist immer vorbeigelaufen, war eine Weile weg und kam dann wieder zurück. Wahrscheinlich ging sie einkaufen. Eines Tages kam sie mit einem Mann Arm in Arm zurück, und da ist für mich eine Welt zusammengebrochen. Das war so schlimm, wie wenn später eine Liebesbeziehung zusammenbrach, obwohl ich sie nur einmal nach der Uhrzeit gefragt hatte.

Das ist so ein kleines Beispiel, wie man lieben kann, ohne jede Forderung, nicht wahr, ohne daß die Sache diesen drängenden, besitzergreifenden Charakter hat, den sie später ja auch annimmt. In anderen Fällen sind die Kinder dann einem anderen Kind innerlich zugetan. Sie wissen vielleicht, daß in den Kinderjahren, in der Vorpubertät, manchmal das Zerbrechen einer tiefen Kinderfreundschaft dazu führen kann, daß die Kinder wirklich in ganz schlimme innere Nöte kommen. Es können sich hier wirklich weichenstellende Dinge ergeben, wenn ein Kind mit dieser inneren Reinheit liebt und hier nun wirklich getroffen wird, zurückgewiesen wird, betrogen wird, sei es von einem anderen Kind, sei es von einem Erwachsenen. Ich möchte jedenfalls immer, wenn ich darüber spreche, auch an alle Erwachsenen – ich weiß ja immer nicht, wer vor mir sitzt, sind es Pädagogen, Eltern? – appellieren, daß sie in Bezug auf dieses, was ich jetzt beschreibe, Kinder richtig sehen. Denn wissen Sie, man unterschätzt diese Liebeskraft der Kinder zwischen dem 10., 12., 13. Lebensjahr ungemein. Man bagatellisiert das. Man redet sich ein und liest auch allenthalben, die Kinder seien noch gar nicht fähig, eine verbindliche Beziehung aufzunehmen. Das seien alles noch so Kleinigkeiten; man reißt Kinder durch Umzüge der Eltern in diesem Alter von ihren Freunden weg und hat dann oftmals überhaupt keine Ahnung, warum plötzlich eine Freßsucht ausbricht oder eine Magersucht ausbricht oder irgendwas und kommt irgendwann dahinter: Ja, da ist das Kind von einer großen, tiefen Liebe weggerissen worden ist und hat keinen Ton gesagt. Die Eltern haben gedacht: Na ja, Freunde findest du wieder neue oder so einen Jungen, mit dem du dauernd spielst; das macht doch nichts. Man muß wissen, daß in diesem Alter oft unerhört starke Liebesbeziehungen geknüpft werden, in denen die Qualität des Eros rein zum Vorschein kommt. Und ich sage noch einmal: Ich spreche von der Qualität, durch die der Mensch den anderen Menschen zu seiner Idealität erhöht, und das spürt der andere Mensch. Wer hier aufmerksam ist, erlebt in sich eine Kraft, die vom anderen Menschen herkommt durch diese Art des Schauens, die unmittelbar Gesundungskraft ist.

So laufen wir durch die Welt mit der Sehnsucht, die langsam bewußt wird, daß andere Menschen uns begegnen mögen, die uns erkennen, die uns verstehen. Und diese Kraft, die Verstehen ermöglicht, das ist die Kraft des Eros. Es ist die Kraft der Zärtlichkeit. Sie werden vielleicht sagen oder denken: Das sind doch nun alte Hüte, daß die Kraft der Zärtlichkeit auch eine große Bedeutung hat und all so'n Zeug. Es sind jetzt Jahrzehnte vergangen, seit die Sachen einmal interessant waren, als *Erich Fromm* seine *„Kunst des Liebens"* schrieb. Wer das heute sagen würde, dem würde ich antworten: Eben weil das alte Hüte sind, bin ich der Meinung, man muß wieder dringend über diese Dinge sprechen, sonst sehe ich schwarz. Wenn ich ein paar Jahrzehnte weiterdenke und erlebe, wie diese Dinge nach und nach aus dem Bewußtsein der Menschen verschwinden, wie sie überall verhöhnt und lächerlich gemacht werden. Lesen Sie daraufhin einmal die Presseerzeugnisse. Achten Sie einmal darauf, wie über Liebe, Zärtlichkeit, wie über diesen ganzen Bereich des Eros heute gesprochen wird. Lesen Sie zum Beispiel Filmkritiken, in denen zum Beispiel ein Regisseur versucht, diesen Bereich nicht sentimental, sondern so, wie er eben existiert, aufzugreifen. Lesen Sie dann einmal den „Spiegel" oder irgend ein anderes Presseerzeugnis und lassen Sie auf sich wirken den Hohn und Spott, der ausgegossen wird über diese feinen Dinge. Laufen Sie mit offenen, wachen Sinnen durch die Stadt und schauen Sie sich an, was von den Plakatwänden herunterbrüllt: Lauter Botschaften, die ja irgendwie mit Liebe zusammenhängen. Achten Sie darauf, wie das Wort „Liebe" in unserer heutigen Zeit langsam aber sicher verdreht wird, in welche Assoziationszusammenhänge es gestellt wird. Dann werden Sie bemerken, das ist das erste, was schrill ins Auge sticht, was grell ins Auge sticht, daß die Kraft der Liebe fast nur noch im Zusammenhang mit Sexualität auftritt. Sie werden bemerken, daß sich im Bewußtsein der Menschen heute, im geistigen Raum etwas vollzieht, was ich nennen würde: das allmähliche Verschwinden einer ganz bestimmten Qualität aus dem öffentlichen Bewußtsein, und das heißt auch: das allmähliche Verschwinden dieser Qualität aus dem Bewußtsein der Einzelmenschen. Das ist eine riesengroße Gefahr. Der pädagogische Blick, der die Entwicklung des Kindes wirklich von der seelischen, von der Innenseite her sieht, kann nun finden, daß diese Qualität, von der ich sage, daß sie aus unserer Kultur zu verschwinden droht – das ist wie ein kultureller Krankheitsprozeß –, daß diese Qualität bei einem Kind in dieser Zeit, die ich genannt habe, nun ungebrochen in einer reinen Form auftritt und dann in

wenigen Jahren oft zerschlagen ist. Ich sage noch einmal, daß ich in dieser Schwächung, die das bedeutet, einen wesentlichen dafür Grund sehe, daß die Menschen immer kränker und kränker werden – in der Schwächung, die dieser Verlust bedeutet.
Schauen wir doch einmal hin auf dieses Alter und fragen uns, was erwacht denn da noch? Sind es nicht die höchsten Ideale, die dort erwachen? Mit Idealen in der eigentlichen Bedeutung des Wortes ist gemeint, daß menschheitliche Urbilder auftauchen. Und diese menschheitlichen Urbilder, die in der Kinderseele auftreten in derselben Zeit, in der die Liebeskraft erwacht, das sind immer Bilder – wenn Sie es einmal genau betrachten, sieht man, es sind immer Bilder –, die zu tun haben, die irgendwie bezogen sind darauf, wie die menschliche Gesellschaft verfaßt sein müßte, wie der Zustand der Welt sein müßte, damit diese Kraft der Liebe die Möglichkeit hätte, sich zu entfalten. Also, was sind klassische Ideale, die in der Jugendseele aufleuchten? mal abgesehen davon, daß sie eben immer wieder schnell in sich zusammenfallen – das ist ein Zeitproblem –: Gerechtigkeit, Barmherzigkeit, Mitgefühl, Toleranz, Hilfsbereitschaft ..., all diese altertümlichen Begriffe, nicht wahr? Aber was soll daran altertümlich sein, wenn man doch weiß, daß jede Generation von Kindern – beharrlich und ohne sich davon abbringen zu lassen – immer wieder diese Dinge auf die Welt bringen? Da ist eine solche Beharrlichkeit, eine solche Kraft; da kann sozusagen die Umwelt machen, was sie will. Sie kommt immer wieder durch. Aber je nachdem wie die Verhältnisse sind, wird sie ganz schnell erstickt oder erschlagen. Die Kraft des Eros in dieser Zeit des Erwachens verbindet sich mit der Idealkraft. Es sind zwei Aspekte ein und derselben Sache: Die Kraft des Eros ist die reine Liebeskraft, die Idealbildung ist die Kraft, die gewissermaßen menschheitliche Ziele bebildert,

die menschheitliche Zielvorstellung ins Unreine zwar noch denkt, aber doch denkt, entwirft, in denen Liebe möglich sein kann. Das ist der wirkliche Idealismus. Und ich sage hier nur als Randbemerkung, daß dieser Idealismus in einer Zeit, in der so viele starke Kräfte gegen ihn arbeiten, wie ich es eben beschrieben habe, daß sich diese Idealkraft natürlich verzerrt, verzerren muß, in vielen Fällen in eine destruktive, gewalttätige Kraft.
Ich bitte Sie, sich vorzustellen: Was soll mit dieser Kraft geschehen, wenn sie nirgends in der Welt Anknüpfungspunkte findet? Was soll ein Jugendlicher tun, in dem aufblitzt die Qualität der Gerechtigkeit, die Qualität der Menschenliebe, die Qualität der Freiheit (die ja nur ein Mensch dem anderen gewähren kann, und das ist wiederum ein Akt der Liebe), und er schaut um sich und sieht, wie alles dagegen arbeitet? Was soll ein junger Mensch mit dieser Kraft machen?
Es gibt zwei Möglichkeiten, und hier sind wir wieder bei Krankheit und Gesundheit. Die eine Möglichkeit ist, daß diese unerhörte Idealkraft nach innen zurückgestopft wird, daß sie nach innen hinein zu einer destruktiven Kraft wird. Wissen Sie, welches das bekannteste Krankheitsbild ist, wo man das vor sich hat, das populärste? Das ist die Pubertätsmagersucht. Die Pubertätsmagersucht ist nämlich eine Krankheit – neben vielem anderen, was man dazu sagen kann** –, für die ein Hauptkennzeichen ist, daß wir es mit jugendlichen Seelen zu tun haben, die mit einer unerhörten Idealkraft in die Jugendjahre eintreten wollten und in dieser Aufbruchstimmung wie in sich zurückgestürzt sind. Und da hat sich diese Idealkraft – die sich oft auch in einer gewissen Religiosität zeigt oder in einem sozialen Engagement, in einer

---

** vgl. Henning Köhler: „Die stille Sehnsucht nach Heimkehr – Zum menschenkundlichen Verständnis der Pubertätsmagersucht", Stuttgart 1992

Mitleidskraft – verwandelt in eine nach innen wirkende Zerstörungskraft. Das ist die eine Möglichkeit. Und hier haben wir es ganz rein vor uns, wie diese Dinge, von denen wir heute sprechen, mit Krankheit und Gesundheit zu tun haben. Pädagogik hat die Aufgabe, die Ideale, die die Jugendlichen in sich spüren, aufzugreifen und Formulierungshilfe zu leisten. Was tut die Pädagogik heute? Sie bewegt sich immer mehr in die Richtung, daß die Kinder in immer kürzerer Zeit immer mehr Wissen in sich hineinstopfen sollen. Was die Pädagogik aber in diesem Alter zu leisten hätte, damit der Mensch nicht krank wird, das ist, diese aus dem Inneren herausströmenden Idealkräfte aufzugreifen, und die Erwachsenen hätten hier in den pädagogischen Einrichtungen die Aufgabe, den Jugendlichen Anknüpfungspunkte zu bieten. Dieses geschieht nicht, und hier haben wir eine reale Quelle von Krankheiten. Kostenexplosion im Gesundheitswesen: Man ringt die Hände, was man tun soll. Wer aber, bitte ich Sie, schaut darauf hin, daß an unseren Schulen eine Pädagogik betrieben wird, die genau das Falsche tut, die die Jugendlichen in dem Alter, in dem sie Anknüpfungspunkte für ihre Hoffnungskräfte bräuchten, mit Wissen zustopft? Wer denkt daran, daß diese Pädagogik Legionen, Scharen von kranken Menschen oder krankheitsanfälligen Menschen in die Welt entläßt?

Die andere Möglichkeit ist, daß sich diese Kraft als eine gewalttätig destruktive dann nicht nach innen, sondern nach außen wendet. Da haben wir dann den Terrorismus und ähnliche Erscheinungen. Was geschieht mit dem Eros, der sich als Zärtlichkeitsbedürfnis, Idealkraft und kreativer Gestaltungswille äußert, wenn er keine Anknüpfungspunkte findet, wenn die Jugendlichen alleingelassen mit dieser Kraft dastehen, sich schämen müssen, sie zu spüren? Das ist nämlich heute der Fall. Da gibt es ebenfalls zwei Möglichkeiten. Es gibt nämlich eine männliche Möglichkeit, wie die Kraft des Eros abirren kann. Und das ist eine, von der sind die Zeitungen zur Zeit voll. Das ist die Gewalttätigkeit, der gewalttätige Übergriff auf ein unschuldiges, als unschuldig und schwach erlebtes Wesen: das Machterlebnis im sexuellen Übergriff. Das ist die furchtbarste und – man darf hier ruhig wirklich sagen – krankhafteste Form der Abirrung erotischer Kräfte. Was dahintersteckt, nicht wahr, das ist natürlich eine furchtbare Einsamkeit. Jetzt werden manche denken in ihrer Empörung über die Dinge, die da neuerdings durch die Presse gehen: Wie kann man diese Leute auch noch verteidigen? Das will ich nicht. Ich will nur darauf aufmerksam machen, daß man sich nicht so furchtbar wundern soll. Man soll sich doch in unserer Welt nicht so furchtbar die Haare raufen: Wie rätselhaft und entsetzlich, daß jetzt immer mehr Übergriffe auf Kinder stattfinden. Es ist nicht rätselhaft, sondern es ist ganz klar. Sie brauchen nur mit wachen Augen durch die Welt zu gehen und sich zurückversetzen in diese Zeit, in der diese zarten Gefühle in Ihnen erwachten. Und Sie brauchen sich nur hineinzuversetzen in die Jugendlichen heute, wie sie andererseits, während das in ihnen erwacht, nach außen schauen und die Botschaften wirklich aufnehmen in ihrer ganzen Ungeschütztheit, die dann auf sie einstürzen. Dann ist ganz klar, was geschieht: Man schließt sich ab, man kann nicht „ja" sagen zu dieser Qualität. Aber irgendwohin drängt sie. Also drängt sie in den Übergriff. Ich habe immer das Bild vor mir, daß sich diese Leute, die sich über Kinder hermachen oder über wehrlose Frauen in einem gewalttätigen Zugriff, sich gewissermaßen fast wie symbolisch das aneignen wollen, was sie verloren haben. Es ist ein furchtbarer und kranker Fehlversuch: Sie wollen etwas an sich reißen, sich etwas mit Gewalt nehmen, was ihnen zu entgleiten droht; und das ist dieser ganze Bereich der Zärtlichkeit.

Die eher weibliche Form der nicht – wie bei Magersüchtigen – autoaggressiven, sondern extraversiven Abirrung des Eros ist das exhibitionistische, sexuell lockende Sich-zur-Schau-Stellen in Verbindung mit Machtlust: Lust, andere abhängig zu machen, Macht über sie zu gewinnen und sie dann zu demütigen. Auch dies ein tragischer Fehlversuch, Zärtlichkeit, Innigkeit zu finden. Ein im Grunde angstgesteuerter Fehlversuch. Manchmal tritt die männliche Variante auch bei Frauen auf, immer häufiger die weibliche bei Männern, – aber im Wesentlichen kann man die Unterscheidung so treffen.

Sie sehen, daß die Gesundheitsfrage eine soziale Frage höchsten Ranges ist. So übermächtig uns dies alles erscheinen mag, so sehr die Frage auftauchen mag: Was können wir ändern an diesen Dingen? – möchte ich doch immer wieder appellieren, daß man sich eben von diesem Gefühl nicht totschlagen läßt, daß man innerlich nicht diese Abwehrgebärden macht und möglicherweise sagt: Da kann man doch sowieso nichts ändern. Ich weiß, daß es Menschen gibt, die ärgern sich. Die sagen: Konkret bitte! Was soll ich mit meinem Kind Zuhause machen, wenn diese Zeit kommt? Und ich spreche von der gesellschaftlichen Frage als Gesundheitsfrage und all diesen gewaltigen Dingen, wo doch der einzelne Mensch überhaupt gar nichts machen kann. Aber das ist ja ein Mißverständnis; denn ich spreche die ganze Zeit konkret darüber, was Sie an jedem Ort, wo Sie mit Jugendlichen zusammenkommen, als Lehrer oder Eltern tun sollten. Darüber spreche ich nämlich gerade. Sie müssen wissen – das ist das erste –, welche Qualitäten in der Jugendseele aufleben! Sie müssen wissen, welche Kräfte dagegenwirken, und Sie müssen wissen, welche Rolle Sie als Erwachsene zu spielen haben, um zu retten, was zu retten ist! Sie müssen

wissen, welche Gesprächsbedürfnisse überhaupt da sind! In der Schule muß man wissen: Was ist die Sehnsucht, die aus der Jugendseele kommt? Worüber wollen die sich denn eigentlich verständigen? Wenn man fortwährend Zeug mit ihnen macht, das sie eigentlich überhaupt nicht interessiert, dann ist das doch furchtbar.
So erfließen also aus diesen Betrachtungen ganz konkrete Fragestellung für die pädagogische Gestaltung. Und das sind Dinge, wo ich ja nun auch von Schule zu Schule reise, um dafür zu plädieren. Wir haben zwei Möglichkeiten: Wir können zusehen, wie die Unterrichtsgestaltung immer mehr den Erfordernissen der Wirtschaft angepaßt wird und bald die gesamte Schule eine völlig unpädagogische sein wird, eine reine Wissensvermittlungsanstalt. Oder wir können uns fragen: Was ist aus der Entwicklung des Kindes heraus fällig? Was sind die unausgesprochenen, latenten Fragen, Ängste und Sehnsüchte der Kinderseele? Wozu haben wir denn solche Veranstaltungen und Institutionen, wo Erwachsene und Kinder sich begegnen, wenn nicht dafür, daß in diesen Bereichen die Erwachsenen sich bereit halten, um zu beobachten, was sich wirklich abspielt, und darauf zu antworten, und nicht auf Fragen, die überhaupt nicht gestellt sind? Wir stehen in dem Dilemma, daß die wirtschaftliche Entwicklung die Pädagogik in ein Korsett zwingt, das genau und direkt krankmachende Auswirkungen hat.

Dies alles hängt zusammen – Sie sehen, was für ein gewaltiges Kapitel wir heute Abend berühren – mit der Kraft des Eros. Und ich komme nun zu jenem Dritten, schon Erwähnten, was aus derselben Quelle ebenfalls entspringt, aus dieser Quelle der liebenden Erkenntnis des Mitmenschen, aus der Quelle der Zuneigung und Zärtlichkeit, und das ist dieses, was ich einleitend als „Kreativität“ oder als den „Künstler im Menschen" bezeichnet habe. Wir müssen dazu die Sache mit der Sehnsucht noch einen Moment weiterverfolgen.

Sie erinnern sich, daß ich von einer Sehnsuchtskraft gesprochen habe, die gewissermaßen im Menschen als Keim veranlagt ist, von Anfang an: Es ist die Sehnsucht nach Wiederverbindung. Ich erinnere Sie daran, daß wir uns dem Gedanken genähert haben, daß diese Sehnsucht nach Wiederverbindung nur möglich ist, wenn der Mensch den Menschen in seinem innersten, reinsten Wesenskern erfaßt. Nur da ist Begegnung wirklich möglich. Alles andere sind Zweck- und Sachbeziehungen. Liebe ist eine Qualität, die den Namen nur verdient, weil der Mensch den anderen Menschen in seinem innersten, reinen Wesenskern erfaßt, erahnt, vielleicht sogar erkennt. Und dies eben ist eine Ursehnsucht der Menschenseele, ob man es will oder nicht: solche Innigkeit des Verstehens mit anderen Menschen zu erfahren. Diese Sehnsuchtskraft hat nun noch einen zweiten Aspekt.

Es lohnt sich, auch auf diesen Aspekt immer wieder bei sich selbst aus Gründen der seelischen Gesundheit aufmerksam zu werden. Es gibt einen Drang im Menschen, der mehr oder weniger deutlich sein kann, nach Selbstvervollkommnung. Und wenn wir der Sache auf den Grund gehen, müssen wir sagen: Alles, was uns im Leben veranlaßt, immer wieder einen Schritt zu gehen, immer wieder etwas Neues anzufangen, immer wieder in einer verfahrenen Situation es doch noch einmal zu versuchen, immer wieder mit uns selbst zu Rate zu gehen und uns zu fragen: Wie wirke ich denn auf andere, was bin ich eigentlich für ein Mensch, was könnte ich für ein Mensch sein? Nicht wahr, alles, was im weitesten Sinne innere Entwicklung ist, hängt im Kern damit zusammen, daß der Mensch einen Grundwunsch nach Selbstvervollkommnung hat. Und nun kann man ja sagen, dies sei eine egoistische Qualität. Das Interessante ist aber eben, daß dies *keine* egoistische Qualität ist. Dieser Selbstvervollkommnungswunsch ist etwas, was man anderen zuliebe will! Und ich bitte Sie, daß wir uns jetzt soweit einigen, daß wir den Dingen auf den Grund gehen wollen, und nicht über das sprechen, was sich im Moment gerade in unserem Oberstübchen abspielt. Wir sprechen über das, was *im Grunde* geschieht, durch vieles verdeckt und zugeschüttet, was im Kern also geschieht, wenn ein Mensch danach strebt, sich aus unklaren Gefühlen zu verbessern, zu verändern, weiterzuentwickeln. Das ist das Grundmotiv: anderen zuliebe oder einem anderen Menschen zuliebe sich zu vervollkommnen; also für das Du, für das Gegenüber – und ich spreche jetzt von einem imaginären Gegenüber – ansichtig zu werden in dieser reinen Menschlichkeit, von der wir sprechen. Wir haben die Sehnsucht, daß der andere uns wahrnehmen möge in dieser Reinheit, weil wir nur dann uns selbst darin wahrnehmen können, nicht wahr, so daß also eine innere Bewegung beim Menschen da ist, aus dem Urmenschlichen heraus – und jetzt sage ich es etwas lapidar –, sich schön zu machen für andere. Aber diesen Begriff „ich mache mich schön für dich", den kennen wir fast bloß noch im Zusammenhang von Spiegel und Schminkzeug. „Ich putze mich auf für jemand anderen", das ist sozusagen die totale Veräußerlichung dieses Grundmotivs menschlicher Entwicklung. Man will sich schön machen *für* andere Menschen. Das ist eine schenkende Gebärde, so daß sich in unserem Wunsch nach Vervollkommnung, wenn er nicht in etwas Narzißtisches abirrt – aber das ist ja nicht das Urmenschliche – ein Bedürfnis zu schenken ausdrückt. Dieses Bedürfnis zu schenken ist wiederum etwas, was aus der Kraft des Eros entspringt; denn es ist eigentlich das Bedürfnis, „sich zu schenken". „Ich will mich schön machen, menschlich machen für dich", heißt, „ich will mich dir schenken". Wer spricht heute noch davon, daß in der Jugendseele eine Kraft erwacht, die sagt: „Ich will mich dir schenken": zu einem imaginären Menschen hin und dann eben auch zu konkreten Menschen hin. Wer spricht noch davon, daß darin eine Quelle der Gesundheit liegt? Wir kommen jetzt sozusagen unweigerlich auf die Spur des Künstlerischen: Schenken, die Qualität des Schenkens, des Gebens. Sagen wir es einmal anders: Wenn Menschen sich zärtlich oder sexuell begegnen, liegt darin das Urmotiv des „Ich will mich schenken". Es verbindet sich da mit dem biologischen Geschehen, mit dem rein physischen Geschehen, das „Ich will mich schenken." Aber dieses kann ja auch auf einem anderen Feld stattfinden. Und wenn wir jetzt versuchen, der Quelle der Kunst nachzuspüren, können wir sagen – das ist eine Formulierung, die, glaube ich, geeignet ist, das künstlerische Prinzip zusammenzufassen –, daß der Mensch sich als Künstler erlebt, wenn er aus seinen innersten Quellen etwas schöpfen will, um dieses aus seinem Innersten Geschöpfte einem anderen Menschen zu schenken.

Kennen Sie *Beethovens „Unsterblich Geliebte"*? Beethoven hat all seine Musik von einem bestimmten Zeitpunkt an einer „unsterblichen Geliebten" gewidmet. Es wird heute noch gerätselt, wer sie wohl gewesen sein mag, und die Art, wie gerätselt wird, sagt alles über diese Kraft des Eros, die zugleich die künstlerische Kraft ist. Man rätselt nämlich so, daß man fragt: Ist das eine reale Figur? Und dann kommen Biographen, die sagen: Ja, da gab es eine Gräfin sowieso. Zu der ist er nachts mit der Kutsche gefahren, stundenlang durch Regen und Sturm, wie man sich Beethoven so vorstellt. Genau weiß das natürlich keiner, vielleicht war's auch tagsüber bei Sonnenschein. Aber es muß nachts bei Regen und Sturm gewesen sein. Ludwig hat gehört , ihr gehe es schlecht. Er stürmt rein, sie liegt in ihrem seidenen Himmelbett. Er setzt sich ans Klavier und spielt stundenlang, schweigend, klappt den Klavierdeckel zu, geht wieder und rast mit der Kutsche zurück. (Lachen) Und nun wird gemutmaßt: „Ah, diese Gräfin war bestimmt die unsterbliche Geliebte." Andere sagen: Es war ein Knabe, ein Neffe von ihm; Beethoven war homosexuell. Ich behaupte, es kann alles gleichzeitig sein: Hier der Knabe, da Gräfin und vielleicht noch drei, vier andere Gräfinnen, und eben auch eine imaginäre Gestalt: „der MENSCH". Der Mensch, den er irgendwann in seinem Leben, irgendwann in seinen sensiblen Jahren einmal vor sich hatte und der in ihm nie erloschen ist. Dieser Mensch ist sozusagen stellvertretend durch eine bestimmte Person verkörpert in unserem Bewußtsein anwesend. Wir haben irgendwann einmal jemanden kennengelernt, durch den dieses Urmenschliche uns plötzlich verkörpert entgegentrat. Und Sie wissen alle so gut wie ich, daß es die Gnade solcher Begegnungen ist, daß man den betreffenden Menschen nicht allzu nahe kennenlernt. Das sind meistens Menschen, die hat man vielleicht ein bißchen näher, aber nicht so ganz nahe kennengelernt und durch diesen Abstand, durch diesen liebenden Abstand, konnte man alles hineinträumen. Jeder Mensch trägt in sich dieses „Stellvertreter-Imago", wie man es nennen könnte. Ein bestimmtes Gesicht, das einem real irgendwann begegnet ist, wird zur Verkörperung des Menschen schlechthin. Und an dieses adressiert man alles, was man schöpferisch im Leben tut. Man kann es auch anders formulieren: Der Mensch entdeckt sich in seinem schöpferischen Wesen, in seiner Freude am Gestalten um des Gestaltens willen. Da entdeckt sich der Mensch immer dann, wenn er in sich dieses Bild hat, an den das adressiert ist, dieses halb imaginäre, halb reale Wesen, das den MEN-

SCHEN, den "großgeschriebenen", repräsentiert. Diese Qualität, von der ich jetzt spreche, ist eine solche, die unmittelbar kräftigend auf das gesamte geistig-seelisch-körperliche Wesensgefüge wirkt; sie ist die Quelle der Gesundheit.

Erinnern Sie sich, wenn Sie nachher nach Hause gehen, versuchsweise an Momente in Ihrem Leben, wo Sie aus dieser Quelle für Augenblicke geschöpft haben, wo Sie gemerkt haben: Jetzt vollzieht sich das, jetzt – das ist so selten – tue ich etwas rein aus dieser inneren schenkenden Gebärde, nicht weil ich gezwungen bin, sondern weil ich vor mir ein Menschenwesen habe, ein reales oder ein imaginäres, dem ich so gerne etwas schenken möchte, was aus meinem Innersten kommt. Versuchen Sie sich zu erinnern! Jeder kennt diese Momente, und jeder hat erlebt, daß solche Momente unmittelbar gesundend sind. Es kann sein, daß Sie durch solche Ereignisse wirklich eine real vorhandene Krankheit plötzlich überwinden. Das sind Zusammenhänge, die ganz konkret sind.
Ich kann das aus meiner eigenen Biographie an einem Beispiel verdeutlichen. Ich bin ein Mensch, der furchtbar unter Heuschnupfen gelitten hat; das hat sich gelegt. Nun habe ich ja viele Jahre immer mit Kindern gearbeitet und eigentlich da immer diese Quelle in mir gefunden, auch in Liebesbeziehungen, aber vor allem da, wo ich etwas getan habe aus dem reinen Gefühl heraus, daß die Kinder sich freuen sollten. Ich hatte also z.B. während meiner schlimmsten Heuschnupfenzeit im Herbst einen Märchennachmittag für viele Kinder aus der Klinik und aus der Umgebung zu gestalten. Bin ich mit dieser inneren Stimmung hingegangen – und das war in solchen Fällen meistens so –, den Kindern etwas zu schenken, mich zu freuen auf die strahlenden Gesichter, nicht weil ich mußte, sondern weil ich wollte, dann sind

Wunder geschehen: Ich setze mich dort hin, schlage das Buch auf, und der Heuschnupfen ist weg, einfach weg. Ich kann mich drauf verlassen. Ich kann mich heute noch drauf verlassen, daß ich, wenn ich bestimmte Dinge tue, die aus der charakterisierten inneren Quelle kommen, und Zahnweh oder Migräne habe, für die Zeit, in der ich das tue, beschwerdefrei bin. Nachher kommen die Beschwerden so ganz allmählich wieder. Das sind Realitäten. Sie können, indem Sie zu einer bestimmten Quelle zurückgehen, aus einer gewissen Quelle schöpfen, sich bis in die Leiblichkeit hinein stärken. Das will ich damit sagen. Und auf dieses Phänomen wird man in der Medizin ebenso wie in der Psychotherapie mehr und mehr aufmerksam werden müssen.

Ich komme jetzt zum Schluß und bitte Sie aber noch, mir drei oder vier Minuten zum Abrunden der Sache zu erlauben. Zum einen möchte ich ein paar Sätze von *Martin Buber* vorlesen, der ja bezeichnet werden kann als der Philosoph der Du-Qualität. Wer Martin Buber nicht kennt, dem lege ich seine Werke deshalb ans Herz, weil Martin Buber ein Philosoph war, der die soziale Frage zusammengeschaut hat mit der Liebesfrage, also mit der Frage der zwischenmenschlichen Begegnung. Er war ein gewaltfrei, anarchistisch, individualanarchistisch und zu gleich sehr religiös eingestellter Mann, der aber die Sache ganz auf den Punkt gebracht hat, auf den Punkt nämlich, daß die Qualität der Begegnung von Angesicht zu Angesicht in ihrer ganzen Reinheit wiedergefunden werden muß, damit die sozialen Verhältnisse gesund werden können und respektive eben durch die allmähliche Gesundung der sozialen Verhältnisse auch der Mensch wieder gesundet. Hier ist also ein Umschlagpunkt, eine Wechselwirkung. Darüber hat er viel geschrieben. Und das Schöne an solchen Darstellungen ist, daß jeder Mensch bei sich beginnen kann, eben anders, als wenn man abstrakt die soziale Frage aufwirft, und sagt: „Wir müssen jetzt endlich das Schulwesen ändern." Die Dinge, von denen ich spreche, die sind so, daß jeder an dem Platz, wo er steht, anfangen kann, weiterzudenken und zu versuchen, seinem Leben eine andere Richtung zu geben. Das ist vielleicht einigen gegenüber ungerecht, die hier sitzen und sich in einer Lebenslage befinden, wo sie nun gar nicht an diese Dinge herankommen. Aber im allgmeinen gilt: Jeder kann sofort anfangen.

„Das Du begegnet mir von Gnaden. Durch Streben wird es nicht gefunden. Aber daß ich zu ihm das Grundwort spreche" – das Grundwort spreche! –, *„ist Tat meines Wesens, meine Wesens Tat. Das Du begegnet mir, aber ich trete in die unmittelbare Beziehung zu ihm. So ist die Beziehung Erwählt-Werden und Erwählen, Passion und Aktion in einem. Das Grundwort Ich-Du kann nur mit dem ganzen Wesen gesprochen werden. Die Einsammlung und Verschmelzung zum ganzen Wesen kann nie durch mich, kann nie ohne mich geschehen. Ich werde am Du. Ich-werdend spreche ich Du. Alles wirkliche Leben ist Begegnung."* (Martin Buber)
Wir könnten hinzufügen: Alle wirkliche Gesundheit kann nur aus der Kraft erfließen, aus der auch die Begegnung in diesem Sinne erfließt. Und wir finden diese Kraft in der reinsten Form beim Kinde im Übergang zum Pubertätsalter. Über die Sexualität als eine Kraft, die sich, wie Sie wissen, abspalten kann und eine Eigendynamik entwickeln kann – von der Gewalttätigkeit über die Machtausübung bis zur Selbstzerstörung –, über sie möchte ich heute nur so viel sagen, daß sie zu einer unerhörten menschlichen Kraft und menschenzusammenführenden Kraft werden kann und erst dann ihre eigentliche Bestimmung findet, wenn sie gespeist ist aus die-

ser Quelle, wenn sie durchdrungen wird von dem, worüber wir heute gesprochen haben – aber eben nur dann.

Und so komme ich zu einigen Schlußsätzen, die wie kristallin die wichtigsten Punkte noch einmal ansprechen:

- ✶ *Eros ist die Kraft, die mich den Anderen in seinem Innersten verstehen läßt. Das ist der Erkenntnisaspekt.*
- ✶ *Eros ist Hingabefähigkeit und Vertrauen.*
- ✶ *Eros entbindet Ideale.*
- ✶ *Eros ist die Entblößung des „inneren Kindes" vor einem Menschen, der dieses ungeheure Vertrauen verdient.*
- ✶ *Eros ist die Suche nach dem eigenen Urbild, das nur aufleuchten kann durch den liebenden Blick anderer, durch die Sehnsucht nach diesem liebenden Blick.*
- ✶ *Eros ist die Quelle der Sehnsucht und des Wunsches zu schenken und somit die Quelle der Kreativität, der Kunst.*
- ✶ *Eros ist die Kraft, die den Sexus erlösen kann, ohne ihn zu denunzieren.*
- ✶ *Eros verbindet körperliche und geistige Liebe.*

Ich schließe mit dem Appell, daß man sich Gedanken machen möge – wo immer das möglich ist – darüber, was dies für den pädagogisch-therapeutischen Bereich bedeuten kann. Auf daß Schulen wieder Orte werden, in denen wirkliche Gesundheitskräfte wirken können, indem diese Motive, die ich eben genannt habe – des Schenkens, der Liebe, des Erringens eines Menschenbildes, der Pflege von Idealen –, dort leben und dort der Inhalt der Begegnung sind! So werden Schulen zu Stätten gesundender Begegnung.
Für den therapeutischen Bereich – wo also Menschen sind, die Hilfesuchenden Beistand leisten wollen – kann ich nur

sagen, daß viel wichtiger als aller therapeutische Aktionismus, alles aktionistische fieberhafte Heilen-Wollen und Symptome-beseitigen-Wollen das Bemühen ist, diese therapeutischen Zusammenhänge zu Orten der Begegnung werden zu lassen, in denen die hilfesuchenden Menschen erstens die Qualität der Wertschätzung erleben – sonst hilft alles Herumoperieren nichts – und in denen sie zweitens Hilfestellungen erhalten, wiederum an die Quellen der Kunst und an den Impuls des Schenkens heranzukommen.

Vielen Dank.

– Beifall –

Rainer Rappmann (Hrsg.)

Die Kunst des sozialen Bauens –
Beiträge zu Wilhelm Schmundt

Eine umfassende, vielseitige Würdigung eines Menschen, der in jahrzehntelangem Ringen den Keim für eine zukünftige Wirtschaft gelegt hat und für Beuys zur entscheidenden Erkenntnisgrundlage wurde: „Unser großer Lehrer".

In Schmundts Arbeit liegt eine Revolution verborgen, allerdings eine Revolution des Denkens, die eine heilsame Evolution des Handeln auslösen würde, immer vorausgesetzt, sie wird wahrgenommen und ergriffen. Das Entscheidende an seinen Forschungsergebnissen ist, daß sie radikal sind, d. h. an die Wurzel, an die Idee des sozialen Ganzen selbst heranreichen, jedoch keine Handlungsanweisung darstellen, sondern jeden Menschen frei, aber auch verantwortlich handeln lassen. Es ist nicht vermessen, zu sagen, daß hier in den Rachen des Drachen gegriffen wird, der sich anschickt, die Welt zu verschlingen.

„Eine schlichte und endgültig fällige Dokumentation über die Beziehung zwischen Beuys und Schmundt."
Rudolf Bind in ‚Das Goetheanum'

„Es gibt nur einen Ausweg (aus dem Würgegriff der kapitalistischen Geldmaschine): die Bändigung des Geldes durch eine demokratische Rechtsordnung als Bedingung der Freiheit des Einzelnen und aller… ‚Die Kunst des soz. Bauens' – ein von Rainer Rappmann zupackend eingeleiteter und vorbildlich gestalteter Band!"
Wilfried Heidt in ‚Novalis'

mit Beiträgen von Joseph Beuys, Walter Dahn, Ulrich Rösch, Prof. Leif Holbaek-Hanssen, Günter Lierschof, Dr. Frank Meyer, Johannes Stüttgen, Bernd Volk und Richard Wagner sowie Originalbeiträgen von Wilhelm Schmundt, umfangreiches Bild- und Dokumentationsmaterial, 131 Seiten, Format: Achberger Reihe, Fadenbindung, Umschlag: blauer Karteikarton / silbern bedruckt, ISBN 3-928780-05-0,

Rainer Rappmann, Albrecht Walter (Hrsg.)

TANGO Obsession – Passion

Ein Text- und Bilderbogen über das Wiederaufleben des argentinischen Tangosam Ende des 20. Jahrhunderts

Mit Beiträgen von zehn Autoren und Künstlern sowie historischen Dokumenten
152 S. über 80 Abb., davon viele color, Wangen 1997

kartoniert (ISBN 3-928780-19-0)

Hardcover-Ausgabe (ISBN 3-928780-20-4)

Aus dem Inhalt: Tango: Bewegung in der Krise? physiologische Dreigliederung im Tango, Ein Brief von Nicole, Waldow Frank: „Das Wesen des Tangos ist embryonal", Gespräche mit Michael Domke, Bremen, Marie-Paule Renaud, Hamburg und Amira Cámpora, Buenos Aires, Albrecht Walter: Tango-Gedichte und -Bilder & Die Provokation der Sehnsucht nach Freiheit – Versuch einer Annäherung an Astor Piazzolla, Tango-Bilder von Elisabeth Luchesi, Veronika Nadj sowie einen wissenschaftlichen Anhang über Wesen und Werden des argentinischen Tango von Gerrit Schüler.

Seit ca. Mitte der 80er Jahre kann man vor allem in Europa wieder eine verstärkt Hinwendung zum TANGO beobachten und zwar zum ursprünglichen, nachdem er zunächst in den 60er Jahren gestorben schien und selbst in Argentinien, seinem Entstehungsort, nur im Untergrund weiterexistierte. Nicht zufällig taucht der Tango jetzt am Ende des 20. Jahrhunderts wieder auf in einer Zeit, die man auch als eine „Epoche der Paradigmenwechsel auf den verschiedensten Lebensgebieten" beschreiben könnte. *„Es sind nicht die Zeiten der Ruhe, die der Tango den Menschen versüßt, sondern die Zeiten des Aufbruchs und des Abschieds, die er erträglich macht."* (Gerrit Schüler)

„Ich habe das Buch mit Vergnügen und Lust gelesen und viele meiner eigenen Gedanken und Erfahrungen als Tangolehrer und -tänzer darin wiedergefunden. Es ist mit viel Liebe und Sorgfalt erstellt und widerspiegelt in seiner Mischung aus Kunstmappe und Interviewsammlung, wie sehr der Tango überall dort, wo ihr die Menschen für sich entdekken und sich ihm widmen, weiterentwickelt wird – gerade dadurch, daß so viele sich in ihm wiederfinden und sowohl ihre kulturelle wie persönliche Handschrift in ihm hinterlassen.
Wie auch in dem Buch deutlich wird, lebt der Tango von der Polarität. Sein inneres Wesen ist paradox. Er spielt mit den Gegensätze und dehnt sie auseinander. Seine Form ist strenge Geometrie, sein Inhalt die Gefühlsseite des individuellen Geistes.
Das Buch weist aber auch weit über die Geschichte des Tango und seine aktuellen Bezüge zu den europäischen Gesellschaften zum Ende des Jahrhundert hinaus, indem es stets aufs Neue darauf aufmerksam macht, wie sehr der Tango zwischen strengen Gesetzen und endloser Gestaltungsfreiheit doch immer wieder eines thematisiert: uns selbst, den suchenden, oft sich verloren fühlenden Menschen der Moderne in seiner Sehnsucht nach menschlicher Wärme, Orientierung und Heimat, nach Eros und Transzendenz.
Und eines wird vor allem klar: Wir finden uns im Tango wieder, entdecken und verfeinern uns in unserem Umgang dort. Wir genießen ihn, diesen Tanz in den Bahnhofshallen des Lebens. Vielen Dank für das schöne Buch!"

Ralf Sartori, Tango à la carte, München

Rainer Rappmann (Hrsg.)

Denker, Künstler, Revolutionäre

Beuys, Dutschke, Schilinski, Schmundt: Vier Leben für Freiheit, Demokratie und Sozialismus

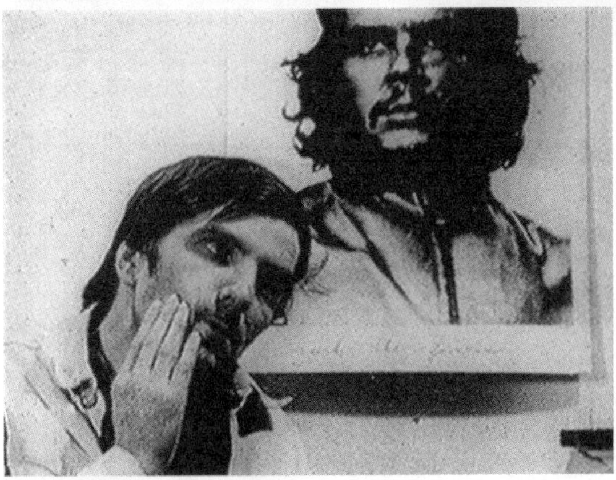

Das Buch verfolgt das Wirken (und die ganz persönliche Handschrift) von vier Menschen, die auf sehr verschiedene, z.T. sogar gegensätzliche Weise den Impulsen von Freiheit–Gleichheit–Brüderlichkeit, die auch schon „Dreigliederung" oder „Soziale Plastik" genannt wurden, ihr Leben gewidmet haben.

"Kennen sie das tief beglükkende und im wahrsten Sinn des Wortes begeisternde Gefühl, wenn in der momentanen Zeitsituation Verwandlung regsam wird? Zum letzten Male war es, wenn auch nur kurz, in den Zeiten der „Wende" 1989 zu spüren, ganz stark und fast unwiederholbar erinnere ich es aus den Achtundsechzigern.

Vier von ihnen würdigt auf eine ganz überraschend lebendige und differenzierte Art das hier zu besprechende Buch. Zwischen ihnen wird die Verknüpfung, die sie in denen von ihnen verfolgten Lebensidealen herstellten, wohl manchem zu ersten Mal so deutlich werden. Rappmann geht als Herausgeber behutsam vor und läßt Freunde und Mitstreiter erzählen, was eine dichte Atmosphäre schafft und den Beiträgen alles Akademische nimmt.

Anregend, wie der eine vom anderen berichtet, ihn würdigt, seine eigenen Lernprozesse an der Arbeit des anderen realisiert. Die Spurensicherung, die Rappmann auf diesem vielfarbigen Flickenteppich des Bemühens um soziale Erneuerung betreibt, vollzieht sich im Leser mit."

aus einer Rezension von Thomas Kutzli, Stuttgart

Mit Beiträgen von Joseph Beuys, Heinrich Böll, Wilfried Heidt, Karlheinz Flau, Henning Köhler, Walter Kugler, Rainer Rappmann, Ulrich Rösch, Peter Schilinski, Johannes Stüttgen, Wilhelm Schmundt und Ulle Weber, 180 S., über 130 Abb. Wangen 1996

ISBN 3-928780-13-1